Bildkarten zur Sprachförderung

Mit Illustrationen von
Anja Boretzki

Präpositionen – über, unter, auf, vor ...

Verlag an der Ruhr

Impressum

Titel
Bildkarten zur Sprachförderung
Präpositionen: über, unter, auf, vor ...

Illustrationen
Anja Boretzki

Herstellung
Leo Paper Products Ltd.

Verlag an der Ruhr
Wilhelmstraße 20
45468 Mülheim an der Ruhr
www.verlagruhr.de

überarbeitete Auflage des Titels ISBN 978-3-8346-0356-2
ISBN 978-3-8346-3978-3

Bildkarten zur Sprachförderung

Mit Illustrationen von
Anja Boretzki

Präpositionen – über, unter, auf, vor ...

Ein Wort an die Erwachsenen

Sprache ist das Tor zur Welt – sich verbal ausdrücken zu können, ist nicht nur eine Grundvoraussetzung für **bestmögliche Bildungschancen;** es eröffnet auch die Möglichkeit zur **Kommunikation** und **Verständigung** mit anderen Menschen.

Fast immer ist Sprache zugleich das Medium des Lernens: In einer Sprache und mit einer Sprache lernen wir sprechen, aber zugleich auch alles andere. Umso wichtiger ist es, dass Kindern **von Beginn an** die Voraussetzungen und Chancen für einen optimalen Spracherwerb geschaffen werden.

Mit diesen Bildkartensets unterstützen Sie die Sprachentwicklung der Kinder auf **kindgerechte, motivierende** und **spielerische** Weise.

Mit den verschiedenen Editionen können Sie ganz gezielt und individuell auf die jeweiligen Bedürfnisse der Kinder eingehen und alle Sprachförderbereiche trainieren. Dabei eignen sie sich sowohl für die Förderung von Kindern, die **Deutsch als Zweitsprache** erlernen, als auch für Kinder mit spezifischen sprachlichen Problemen. Und natürlich können alle Kinder an den Spielen teilnehmen, denn die Spiele sind nicht nur Fördermaterial, sondern machen vor allem Spaß.

Die verschiedenen Einsatz- und Spielmöglichkeiten schulen die **sprachlichen Ausdrucksmöglichkeiten** sowie den **aktiven und passiven Wortschatz.** Zusätzlich kann die visuelle und auditive Wahrnehmung trainiert werden.

Was kann ich mit den Bildkarten fördern?

Mit diesen lustigen und motivierenden Bildkartenmotiven erweitern die Kinder spielerisch, aber ganz gezielt, ihre **sprachlichen Ausdrucksmöglichkeiten.** Bei dieser Edition geht es vor allem um den Erwerb der Präpositionen. Zugleich üben die Kinder aber auch die Aussprache, erweitern ihren Wortschatz, und verbessern ihr **Sprachverständnis**. Sie lernen, Sätze und Fragen („Wo ist ...?") zu bilden und erzählen zu den Bildkarten kleine Geschichten. Darüber hinaus schulen die Bildkarten natürlich auch die **visuelle Wahrnehmung** sowie die **Konzentration**, indem die Kinder die Bilder ganz genau betrachten und auch Details erkennen und benennen.

Weshalb sind Präpositionen wichtig?

Über, unter, auf, vor – das Trainieren von **lokalen Präpositionen** hilft Kindern bei der **räumlichen Orientierung**. Dabei geht es zunächst um die Lagebeziehung der Dinge untereinander, später dann auch in Beziehung mit sich selbst. Die Kinder erfahren, dass sich die Perspektive ändert, wenn man sich selbst bewegt oder die Dinge im Raum verschiebt. Dies zu verstehen und schließlich auch sprachlich umzusetzen, fällt vielen Kindern schwer. Besonders Kinder, die Deutsch als Zweitsprache erwerben, haben in diesem Bereich oft Schwierigkeiten, denn in vielen Sprachen ist die Struktur der Präpositionen ganz anders.

Mit diesen Präpositions-Karten üben die Kinder ganz gezielt das Benennen von örtlichen Angaben und lernen dabei zunächst die Fragestellung „Wo ist …?", später dann auch „Wohin …?".

Wonach sind die Motive auf den Bildkarten ausgewählt?

Die Motive auf den Bildkarten sind so ausgewählt, dass sie den Interessen und der Lebenswirklichkeit der Kinder entsprechen. Es ist wichtig, dass die dargestellten Situationen Jungen und Mädchen gleichermaßen ansprechen und sie sich damit identifizieren können.
Zudem richten sie sich natürlich nach den aktuellen Richtlinien für den **Grundwortschatz**, den Kinder im Alter zwischen 3 und 7 Jahren erwerben sollten.
Die Karten sind so aufgebaut, dass sich jeweils **zwei Motive zu einer zeitlichen Abfolge** zusammenlegen lassen.
Das eröffnet vielfältige Spielmöglichkeiten.

Wie setze ich die Karten am besten ein?

Sie können die Karten sowohl zur **Einzelförderung** als auch in der **Kleingruppe** einsetzen. Optimal sind 3 bis 4 Kinder, damit jedes Kind genug Zeit zum Sprechen erhält.
Wählen Sie zu Beginn erst nur wenige, leichtere Karten (z.B. die Karten 1 bis 8).
Neben der Förderung der richtigen Präpositionen-Auswahl können sie z.B. mithilfe der Kartenpaare 1/2, 7/8, 9/10, 15/16, 21/22 und 27/28 zusätzlich **Gegensätze** finden und benennen.

Spielmöglichkeiten zur Förderung des sprachlichen Ausdrucks:

Lassen Sie die Kinder zunächst **Paare finden** und die **Karten beschreiben.** Dann bringen die Kinder die beiden Karten eines Bildpaares in eine sinnvolle Reihenfolge und beschreiben, was passiert. Lassen Sie die Kinder auch einen **möglichen Ausgang der „Geschichte" erfinden.** Auch können die Kinder mit den verdeckten Bildkartenpaaren **Memo** spielen. Jede aufgedeckte Karte muss beschrieben werden.

Nun geht es um die Präpositionen. Die meisten Karten sind so angelegt, dass sowohl Lage- als auch Richtungsbezeichnungen möglich sind (siehe „Hinweise und Gesprächsanlässe zu den einzelnen Karten" ab S. 12; die Richtungsbezeichnungen sind jeweils kursiv gedruckt).
Bei verbal schwächeren Kindern sollten Sie zunächst mit den **Lagebezeichnungen** beginnen („**Wo ist** die Kugel?"). Erst wenn die Kinder diese gut beherrschen, erarbeiten Sie die **Richtungsbezeichnungen („Wohin** fällt die Kugel?"). Lagebezeichnungen erfordern fast immer den Dativ („Die Kugel ist im Brunnen"), Richtungsbezeichnungen fast immer den Akkusativ („Die Kugel fällt in den Brunnen"). Die Kinder sollten dann in vollständigen Sätzen

mit der jeweils passenden Präposition antworten. Haben die Kinder das Prinzip verstanden, können sie auch selbst Fragen stellen.

Spielmöglichkeiten zur Förderung des Sprachverständnisses:

Beliebt ist zum Beispiel, jedem Kind eine Fliegenklatsche zu geben und die Karten im Kreis auszulegen. Nun **beschreiben Sie eine Situation auf einer Karte** (z.B. „Der Feuerwehrmann ist auf der Leiter"). Wer zuerst die Karte gefunden und mit der Fliegenklatsche darauf geschlagen hat, darf sie behalten. Gewonnen hat das Kind mit den meisten Karten.

Wie gehe ich damit um, wenn Kinder Fehler machen?

Gerade im verbalen Bereich sollten Sie besonders sensibel auf Fehler reagieren, um die Kinder nicht zu demotivieren. Im Vordergrund steht

zunächst immer die inhaltsorientierte Kommunikation. Die Kinder sollen so viel wie möglich sprechen und dabei möglichst nicht unterbrochen werden.
Werden ganz spezifische sprachliche Strukturen trainiert (z.B. „Wo ist der Ball?" „Der Ball ist auf dem Tisch."), sind folgende Korrekturverfahren geeignet:

- Die **indirekte Fehlerkorrektur:** Sie führen das Gespräch weiter, indem Sie die Äußerung des Kindes korrigiert wiederholen:

Beispiel: „Der Ball ist **auf den** Tisch."
„Richtig, der Ball ist **auf dem** Tisch.
„Und wo ist die Katze?"

- Die **verzögerte Fehlerkorrektur:** Greifen Sie bestimmte, sich häufig wiederholende Fehler auf, und trainieren Sie diese gesondert auf spielerische Weise, zum Beispiel durch Chorsprechen („Der Ball ist auf dem Tisch"), mal laut, mal leise, mal wie eine feine Dame, mal wie ein Kasper …

Hinweise und Gesprächsanlässe zu den einzelnen Karten

Bild 1:

Der grüne Bauklotz ist **hinter** der Kiste.
Der blaue Bauklotz ist **neben** der Kiste.
Der rote Bauklotz ist **vor** der Kiste.
Der gelbe Bauklotz ist **auf** dem orangefarbenen Bauklotz.
Der orangefarbene Bauklotz ist **unter** dem gelben Bauklotz.

Bild 2:

Die Bauklötze sind **in** der Kiste.

(Die Bauklötze liegen drinnen/draußen.)

Bild 3:

Der Tiger ist **hinter** dem Reifen.
Der Tiger ist **auf** dem Hocker.
Der Tiger ist **in** der Manege.

Bild 4:

*Der Tiger springt **durch** den Reifen.*
Der Reifen ist **zwischen** den Hockern.
Der Tiger ist **in** der Manege.

Bild 5:

Der Krebs ist **neben** dem Schneckenhaus. Die kleine Schnecke ist **zwischen** den Steinen. Der Seestern ist **hinter** dem Krebs.

Bild 6:

Der Krebs ist **im/in dem** Schneckenhaus. Der Seestern ist **neben** dem Krebs. Die kleine Schnecke ist **auf** dem Stein.

Bild 7:

Das Springseil ist **über** dem Mädchen mit den Zöpfen. Das Mädchen mit den Zöpfen steht **zwischen** den beiden anderen Kindern. Die Kinder stehen **auf** dem Boden.

(Die Kinder halten den Arm hoch/runter.)

Bild 8:

Das Springseil ist **unter** dem Mädchen mit den Zöpfen. *Das Mädchen mit den Zöpfen springt* ***über*** *das Springseil.*

Bild 9:

Der Junge ist **auf** dem Sprungbrett. Die Palme ist **hinter** dem Schwimmbecken. Die Ente ist **neben** dem Schwimmbecken.

Bild 10:

Die Ente ist **auf** dem Sprungbrett. Der Junge ist **im/ in dem** Wasser. Das Handtuch ist **neben** dem Schwimmbecken. *Der Junge springt* ***ins/in das*** *Wasser.*

(Der Junge ist trocken/nass.)

Bild 11:

Die Maus ist **im/ in dem** Flugzeug. Das Flugzeug steht **auf** der Startbahn.

Bild 12:

Das Flugzeug fliegt **über** der Startbahn/ dem Baum. Die Startbahn/ der Baum ist **unter** dem Flugzeug. Das Flugzeug ist **in** der Luft.

Bild 13:

Die Katze sitzt **vor/ neben** dem Tisch.
Der Ball liegt **auf** dem Tisch.
Das Glas Milch steht **auf** dem Tisch.

Bild 14:

Die Katze sitzt **auf** dem Tisch.
Der Ball liegt **unter** dem Tisch.
Das Glas ist **zwischen** den Pfoten.

(Der Ball liegt auf/unter dem Tisch.)

Bild 15:

Der Cowboy fliegt **über** dem Pferd. Das Pferd ist **unter** dem Cowboy. Der Sattel ist **auf** dem Pferd.

Bild 16:

Der Cowboy rennt **hinter** dem Pferd (her). Das Pferd rennt **vor** dem Cowboy (her).

(Der Cowboy hat den Mund zu/auf.)

Bild 17:

Der Mann ist **vor** dem Auto.
Die Werkzeugkiste ist **neben** dem Auto.

Bild 18:

Die Werkzeugkiste ist **auf** dem Auto.
Der Mann ist **hinter** dem Auto.

Hinweis: Auch bei diesem Kartenpaar ist es für manche Kinder schwierig, die verschiedenen Perspektiven richtig zu deuten. Einige Kinder verstehen noch nicht, warum der Mann vor bzw. hinter dem Auto steht. Diese Karten eignen sich gut, um mit den Kindern die verschiedenen Perspektiven unter Einbeziehung der eigenen Person zu besprechen: Von uns aus gesehen steht der Werkzeugkasten vor dem Auto. Aus der Perspektive des Mannes steht er neben dem Auto.

Bild 19:

Der Junge ist **vor** dem Tor.
Der Ball ist **vor** dem Jungen.

Bild 20:

Der Ball ist **im/in dem** Tor.
Der Ball fliegt ***ins/ in das*** *Tor.*

Hinweis: Bei diesem Kartenpaar ist es für einige Kinder besonders schwierig, die zweidimensionale Perspektive auf der Karte richtig ins Dreidimensionale zu übertragen. Es fällt ihnen schwer, zu erkennen, dass der Junge von schräg vorne auf das Tor zuläuft. Sie können die Szene mit den Kindern nachspielen und dabei die verschiedenen Perspektiven mit den Kindern besprechen. Ist es noch zu schwierig, lassen Sie diese Karten einfach weg.

Bild 21:

Die Vase (die Tasse, die Maus) steht **auf** dem Tisch.
Der Löffel liegt **vor** der Tasse.

Bild 22:

Die Scherben liegen **vor (neben)** dem Tisch.
Eine Scherbe liegt **unter** dem Tisch.
Der Löffel ist **in** der Tasse.

(Die Vase ist ganz/kaputt.)

Bild 23:

Der linke Baum steht **hinter** dem rechten Baum.
Der Apfel hängt **am/an dem** Baum.
Der Vogel fliegt **über** den Baum.

Bild 24:

Der Apfel liegt **auf** dem Boden.
Der Vogel ist **neben** dem Apfel.
Der Apfel ist **zwischen** Baum und Vogel.
Der Wurm ist **im/ in dem** Apfel.

Bild 25:

Der Feuerwehrmann ist **im/in dem** Auto. Der Vogel ist **über** dem Auto. Das Blaulicht ist **auf** dem Dach.

Bild 26:

Der Feuerwehrmann steht **auf** der Leiter. Der Vogel sitzt **auf** dem Blaulicht. Der Vogel ist **unter** der Leiter.

(Die Leiter ist unten/oben.)

Bild 27:

Die Prinzessin sitzt **auf** dem Brunnen.
Der Frosch sitzt **vor** dem Brunnen.
Die Krone liegt **neben** dem Frosch.
*Die Kugel fliegt **über** den Brunnen.*

Bild 28:

Die Prinzessin steht **neben** dem Brunnen.
Die Krone ist **auf** dem Frosch.
*Die Kugel fällt **in** den Brunnen.*

(Die Prinzessin ist glücklich/traurig.)

Bild 29:

Der Elefant ist **hinter** den Kindern.
Der Zaun ist **zwischen** den Kindern und dem Elefanten.
Das Heu ist **im/in dem** Rüssel.

Bild 30:

Der Junge ist **im/ in dem** Rüssel.
Das Mädchen sitzt **auf** dem Elefanten.
Das Mädchen ist **vor dem** dem Elefanten.

Bild 31:

Das Kaninchen ist **im/in dem** Hut.
Der Hut steht **auf** dem Tisch.
Der Zauberer ist **hinter** dem Tisch.

Bild 32:

Das Kaninchen liegt **auf** dem Kopf.
Der Hut schwebt **über** dem Tisch.

Übrigens!
Die Nummerierung der Bildkarten finden Sie „versteckt" im Muster auf der Bildkartenrückseite.

Unsere Bildkarten zur Sprachförderung:

Verben

ISBN 978-3-8346-3977-6

Was stimmt hier nicht?

ISBN 978-3-8346-4123-6

Adjektive: Gegensatzpaare

ISBN 978-3-8346-4127-4

www.verlagruhr.d
Verlag an der Ruh